招喚
幸福而來
的愛

How About You?

Ryuho Okawa
大川隆法

台灣幸福科學出版有限公司

前言

繼《Coffee Break》、《Tea Time》、《I'm Fine!》之後，我寫了這本《How About You?》，你可以舒服地閱讀它，但你可能會覺得這是一本有點「無用」的書。

若要為這本書訂一個主題，那就是「嫉妒與爽朗的關係」。

本來我想將此書命名為「死後絕不會變成幽靈的人生態度」，但這個標題或許無法在電車上或咖啡店裡輕鬆閱讀。

正如在英語會話中所看到的，「How are You?」「I'm Fine thank You」和「How About You?」這是一本讓你實現自身幸福生活的書。

二〇〇九年　五月

幸福科學集團創立者兼總裁　大川隆法

PART 1

How About You?

目錄 Contents

PART 2

你的愛是真的嗎？ 77

PART 3

你的心清爽嗎？ 117

贈言 1

愛是什麼？

當有人直率地問

「愛是什麼？」的時候，

到底有多少人

能夠適切而簡潔地回答呢？

有人問你：「『愛』很重要，但愛到底指什麼？」

此時，你能適切的回答嗎？

此時，你不可用冠冕堂皇的話去搪塞，
而是必須用自己的話，
簡潔地回答。
若你做不到這一點，
那就說明你還沒有掌握到真正的覺悟。

因此，我提議，
讓我們試著從多方面來思索「愛是什麼」吧！
深入地理解什麼是愛吧！
試著用簡單的話語去形容愛吧！

Part 1

你受過愛的愚弄嗎？

Real Love Gives Freedom

描述「嫉妒心」的電影「怪談」

先來談談「不被自己的嫉妒心愚弄的祕訣」。

談到「嫉妒心」，我想起有一部二〇〇七年的電影「怪談」。

說實話，我不太想向大家推薦這部電影，我個人自從踏上宗教家之路後，一直儘量避免看恐怖電影。

然而，因為工作的關係，這種恐怖電影的表現手法，也是一種研究的對象。此外，對於女主角扮演的幽靈到底是多難應付，多少有點興趣。所以在這種想法下，我還是走進了電影院。

有些人可能沒有看過這部電影，所以，接下來先簡單地介紹一下故事情節。

迷戀美男子的美女故事

時間是江戶時代末期。

江戶鎮上，有一位教人用三弦琴彈奏「淨琉璃」的女老師，是一位年近四十歲的單身美女。

這位老師家中，經常有名年輕男子出入，他是住在附近、賣香菸的小夥子。隨著女老師和那位美男子的感情逐漸加深，從某個時刻起，她已把他當作自己的丈夫看待了，故事就是這樣開始的。

這位美男子年紀才剛過二十歲，比女老師年輕多了，兩個人非常相愛。

可是過不久，老師開始懷疑，這位美男子與自己的年輕女徒弟有曖昧關係：「他是不是更喜歡年輕的女孩子呢？」於是就開始嫉妒了起來。

有一天，女老師的臉上出現傷痕，而且還紅腫起來，就像怪物一樣可怕。可是，那位美男子並沒有扔下她不管，還是用心照顧她。在一個煙火大會的晚上，正當美男子和年輕女孩在外玩耍的時候，女老師的病情加重，離開了人世，就這樣變成了幽靈。

女老師在臨死前給美男子留下了這樣的遺言：「如果你和其他女人結婚的話，我就會殺死對方。」

從此以後，每當美男子要與其他的女性結婚時，女老師的幽靈必定會出現，把對方折磨得死去活來。

電影「怪談」就是描述這樣的情節。

實際上看了這部電影，除了女演員的演技精湛之外，加上電腦影像處理的水準很高，讓人覺得越加恐怖。

我膽顫心驚地看完了這部作品，但透過這部作品，我有一個體會，那就是：「人之所以會變成幽靈的根源就在此。」

這個電影是以男女之「愛」為中心，但那種「愛」的內涵出現了問題。

正因為愛，所以才想獨占……

「幸福科學」中也有許多關於「愛」的教義，但是關於這個「愛」和「執著」的界線，實際上是個難題。

越是愛，就會變得越執著。

越是愛，獨占欲就會更加萌發。

自己所愛的人，如果對自己以外的人示好，那麼自己的嫉妒心就會被激發起來。

這的確是個難題。

如果不愛，就不會產生這樣的問題。正因為有愛，才會想要獨占，才會產生嫉妒。

幾乎所有的人都難以逃脫這種情緒吧！怎麼樣？有能逃脫的人嗎？基本上是逃脫不了的吧？

我寫的《感化力》（幸福科學出版發行）這本書當中，雖然曾提到「夫妻之間健全的嫉妒心有一定的效用」。但是看了那部幽靈恐怖片，我想還是必須得提醒大家，因為各位的一個不小心，自己是有可能變成幽靈的。

佛教中「愛」等於「執著」!?

釋迦牟尼留給世人的話裡，有一些教義從現代人看來，會覺得十分不可思議。

那是什麼呢？那就是「不要愛人」的教義。

這裡所說的「愛」，與我所講的「愛」有些不同，它是指「執著」的意思。它被稱作「愛執」，是對親友等人抱持著一種像「黏蟲膠」般執著的愛。

譬如，父母對待孩子時也會出現「執著」。現在獨生子比較多，父母對孩子窮追不捨，不肯放手，那種像是「黏蟲膠」的愛讓人無法逃離，衍生出許多煩惱。

不但是身為孩子的一方會煩惱，父母也有做父母的煩惱。或者說，夫妻之間也可能會出現這樣的愛。

這種愛也被稱為「束縛之愛」。雖說是「愛」，但這不是我所宣導的「施愛」，而是「束縛之愛」。

愛之中既有「施愛」，
也有「束縛之愛」。

想離開父母而獨立的孩子，與不讓孩子逃脫的母親

人如果放任自己憑著本能行事，一旦付出了愛，就很容易變成束縛之愛。

比方說，母親因為疼愛孩子，把孩子抱得緊緊地不讓其跑掉。對此，孩子心裡想要獨立、自立而進行反抗，此時就必定會出現反抗、叛逆期。

在這個時期，唯有能突破父母束縛之愛的人，才可以在社會上獨

當一面。甚至於，才能結婚，與父母以外的異性組成家庭。

若是不能突破這個束縛的人，即使年過三十歲也無法結婚，肯定還待在家裡。

這種情形不僅是出現在母親和兒子之間，被父母過度寵愛的獨生女，也會像是被「黏蟲膠」黏住一樣，出不了家門。

就像這樣，在愛的問題上很難拿捏分寸。

實際上愛本身並不是一件壞事，正因為愛，所以才會溺愛，從而創造了痛苦。

如果走到了極端，最後就變成電影「怪談」中的女老師那樣，因為不允許自己愛的男人喜歡上其他的女孩，所以即便自己已經成了幽靈，也要一個個地殺了對方的女伴。

相見是分別的開始

雖說是電影情節，看上去有些極端，但這樣的事情，實際上是會發生在眼所不見的世界的。

從靈性角度來看，死後變成「不成佛靈」的人當中，不只是有因憎恨而成為憑依靈，還有許多靈是因為「愛」，才憑依於家人、戀人、丈夫、妻子或孩子的身上，不想分開。

釋迦教義中的「不要有愛執」、「不要執著」、「不要執著於自己是長子、將來會繼承財產」等教義，光是從這一點來看，似乎會覺得非常冷酷。對此也許有人會覺得：「為什麼是那麼冷酷、反社會？」

然而，看了「怪談」之類的電影後，就會理解這類教義的意義了。

如果在釋迦的教義之上，掛上「若不想變成幽靈」這句話，就會更明白其意思了。

「若不想變成幽靈，就要捨棄執著。

死了之後，就徹底放棄吧！

不要執著於世間之物。

不要執著於世界之人。

要知道，即便是自己深愛之人，也終究會分開。
別離之時一定會到來。」

釋迦即是這麼說的。

正如「相見即是離別的開始」這句話所說，人與人到最後終究會分開。

相見即是離別的開始。
和相愛之人的離別之時，
必定會到來。

與相愛的人離別儘管令人悲痛……

雖然與相愛的人離別，是一件最令人悲痛的事，然而在人生中卻也無法避免。

要好的夥伴、幫手，或者是互相非常關愛之人，有時會因為某個事件，導致彼此變得相互憎恨，進而分道揚鑣，這亦是悲傷之事。

然而，這就是人生的真相。

「在流動、變化中無一事能固定，這才是真實。若認為世間存在著永不改變之物，這種想法其實才是錯的。」釋迦如此教導世人。

結婚之際，誰都想相信「愛會永遠不變」，但在幾十年的人生當中，畢竟會遭遇到相當多的痛苦局面。

屆時，請重新思索「愛」應有的樣子。

「自己所表現出來的愛，是否是那種會讓自己成為幽靈的愛？」希望各位能試著思索一下。

獨生女之所以嫁不出去的原因

若有獨生女未能出嫁一直待在家裡，作為父母儘管是很愛女兒，但實際上是不想放女兒走，想讓她一直待在家裡。

請思索一下：「這種愛，是否就是自己死後，也要附身在女兒身上的愛呢？」

或者是，夫妻之間雖然相愛，但也請思索一下：「這種愛是否是某一方死後，自己變成幽靈也要憑依在對方身上的愛呢？」

人的靈魂畢竟都是各自獨立的，各自都有自己的修行課題，所以不可以對於對方持有過度的執著。

「愛者別離、憎者偏遇」的人生真相

釋迦在「四苦八苦」的教義中這樣說道。

「須知，世間是一個與相愛者別離（愛別離苦）、與憎者偏遇（怨憎會苦）的世界。」

雖然說法很殘酷，但這是人生的真相。

人際關係就像河水一樣流逝

此外，釋迦還講過「諸行無常」的教義。

「世間的一切都在變換，任何事物都無法維持相同的狀態。」

這也是事實。

至今，我已經率領了這個組織二十多年了，但要想維持固定的人際關係，確實很難做到。

形形色色的幫手出現，經過了短暫的時間又離開了，之後又有新人出現，交替輪換，來來去去。

曾有多次以為「這個人，就是我一生的合作幫手」，可是事與願違，這個人還是走了，留下許多令人悲傷的回憶。

從而，我漸漸地開始醒悟到，人際關係就是這麼一回事。進而認為：「各個不同的時期，都能夠出現幫助自己的人，是一件多麼值得感激的事呀！」

而且，後來出現的人，幾乎都比之前的人還要來得更有力量。

這二十年多來的經歷，讓我感覺到：「每個階段，終會出現必要的人。因此，不可盡是為了要道離別感到遺憾，還必須為新的相逢感到高興。」

只要在一生當中，和此人維持良好的關係就可以了。

然而，最終卻不得不在某時告別，從而留下傷心的記憶。

而另一方面，新人又會出現在眼前。

因為不太了解新人是怎樣的人，有時還會擔心此人是否能夠勝任。但是，有時新人能發揮出相應的力量，使組織順利運作。

這種情形或許可以用「新陳代謝」這個詞來形容，即「人際關係就像河水一樣流逝」。

人際關係
也會像河水一樣流逝。

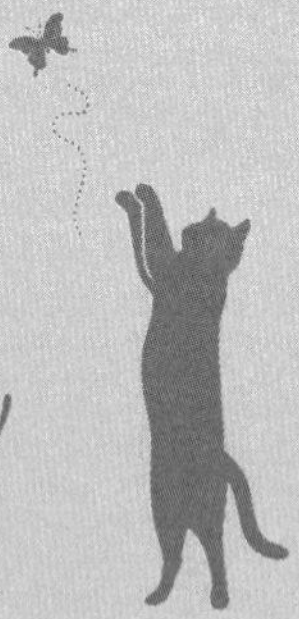

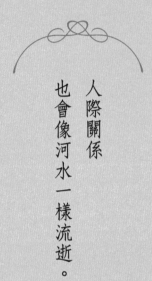

送給親人即將踏上來世之旅的家屬一些心得

各位必須對於「諸行無常」一詞，有一定程度的理解。

譬如，人與人之間的交往，在相見之時就已經是離別的開始。

即便在世間沒有那種人際關係上的離別，但最後「死別」的一刻一定會來到。

此時，若是在配偶過世後，一直處於悲傷狀態的話，過世之人也會感到難過。

如果看到留在世間的丈夫或妻子，日夜悲痛的話，逝去的人就會因難過而無法踏上來世的旅程。

正當要進入新的世界，遇見新的朋友、學習，或是正要進行靈界的修行時，會感覺到自己從背後被拉住。此人會覺得：「唉！還是放心不下留下的妻子！」進而感到好像腦後的頭髮被扯住的感覺。

若是這種感覺太強烈，那就太可憐了。

從結婚時開始，最後終究會面臨死別，所以在某時某刻就必須冷靜地告訴自己：「總有一天會與相愛的人告別。」如果能這麼想，在人際關係上就可以保持一定的「不動心」、心靈的安定。

或許從某種角度來看，雖然看似有些冷漠，但卻能給予人一種安詳的感覺。

孩子早晚都要離開父母而自立

人的一生當中，既有與孩子分別的時候，也有比孩子先離開人世的時候，人生當中會發生許許多多的事情。

然而，這就是世間。

自己的孩子出生時，誰都會想：「要是能夠一輩子住在一起就好了。」但是，總有一天孩子一定會想要反叛自立。

反倒是，也必須認為：「這樣也不錯！」

「孩子最終就是會反抗父母而自立。父母親若是去壓制，那就錯了。這個世間就是如此，這就是真理和前提。」

若能這麼想，就會減少許多不必要的痛苦和悲傷了。

在人際關係當中，重要的是要以「愛」為槓桿，避免增加痛苦和悲傷。

心是很難自由操控的

世間當中，沒有任何一樣東西是可以自由操控的。

即使是自己的心，要想自由操縱，也非常困難，很難做到如臂使指的狀態。

古人云：「心猿意馬」。

「心就像馬、猿一樣，到處亂跑，難以做到隨心所欲。連自己對自己的心都難以自由操控，況且是夫妻、親子，兄弟、朋友、事業的幫手，他們的心更是難以如你所願變化的。」

若能夠這麼想，你的心就會像河水流逝一樣，沒有罣礙。

何謂真正的「不動心」？

「不動心」，並非就是如磐石一般巍然不動之心。所謂的不動心，也並非像岩石那樣，幾億年不位移的心。

「世間萬物皆在變化，變化即是世間的真正樣貌本」，若能這麼想，那麼許多事情就能夠承受了。

即使是懷抱著「絕對會在這個公司工作一輩子」的想法，而意氣風發地進入公司的人，也會一個接一個地辭去工作。一年、三年或十年後，儘管時期不同，都會有人辭職。

請各位要認識到：「世間種種，皆是自己人生學習的過程。現在自己被賦予到自己必要的問題，不管是人際關係，或者是工作挑戰，總之自己會面臨一個接一個的人生課題。」

世間種種，皆是自己人生學習的過程。
不管是人際關係，或者是工作挑戰，
總之自己會面臨一個接一個的人生課題。

我在英國旅行中發生的事

前文我談到在電影「怪談」中，因為愛得過分而產生痛苦的話題。接下來，我想談談剛好可以相對照的事情。

我於二〇〇七年七月底至八月初去了一趟英國。在停留期間，從倫敦飛往愛丁堡，住了一晚。

愛丁堡近郊有一個叫艾伯茨福德的地方，是被稱作「繼莎士比亞以來的大作家」沃爾特·史考特居住過的城堡。城堡裡有規模龐大的書庫和武器庫，聽說他就是參考這些寫了很多小說。

據說這是「若要寫書，必定得去參觀一下」的名勝古蹟，即便位置稍微遠了點，我還是去看了一下。這個地方位於邊界，在英格蘭和蘇格蘭的中間地帶附近。

聽到了某女導遊親身經歷的事

當時，是一位在愛丁堡住了十幾年，四十歲左右的日本女性當我的導遊，她非常喜歡一九七〇年代，也曾在日本流行過的愛丁堡某樂團的歌曲。她被這些歌手和他們的時髦打扮所吸引，來到了愛丁堡，並從此定居下來。之後與一位蘇格蘭人結了婚，從事導遊業已經有十多年了。我問她：「妳的丈夫呢？」她回答：「三年前就去世了。」

她在車中還告訴我：「我還住在和丈夫一起住過的家裡。因為有導遊的執照，所以至今仍在從事目前的工作。就算已經過了三年了，我還是很徬徨不知道今後該怎麼辦？」

「回到天國後，非常快樂」

由於她知道我擁有靈能力，所以我感覺到她想要問我，有關於她先生的事。

當時，我傳達了她那在天國當中先生的話語：

「妳丈夫很高興地說『回到天國後，非常地快樂啊！』和妳的結婚生活也感覺很幸福！」

「是啊，就是因為這樣才難以忘懷，他是一個很好的人。」

「妳的丈夫說『我在這裡快樂地生活著，妳可以安心了。已經三年了，不用一直守著那片土地，妳已經自由了。妳還年輕，去找一個好人吧！回日本也可以，待在這裡也行，怎麼樣都可以，去找一個好人吧！和妳的結婚生活非常快樂、開心。」

「他真的是那麼說嗎？」她非常高興，感覺就是在期待聽到這樣的話。

聽到亡夫的消息而喜淚交加的她

她恐怕很在意，「三年前去世的先夫，是不是至今還附在自己身上，心想著『才不會讓妳再婚』而束縛自己呢？還是在那個世界過得很幸福呢？」

對此，她的丈夫說：「啊！已經夠了。我在這邊的世界過得很幸福，也交了朋友，很快樂。所以妳也自由吧！不要對我太執著，另找一個喜歡的人」。他確實是個好丈夫。

四十歲左右不到，這個年齡的確是能夠再找到好伴侶的，若能得到先夫的許可：「去找個好人家吧！」確實是件值得稱道的好事。

當我再跟她說：「妳先生還說『我已經回到天國生活了，妳不用再幫我守墓了。』」

她聽到之後，喜淚交加。

儘管我在思忖：「她是不是把我誤認為是靈媒？」但實際上我也的確知道她先生的靈在想些什麼，所以進行了轉達。

去天國的人與成為幽靈的人區別何在？

這件在英國發生的事，和電影「怪談」相比較，就可以明顯看出主角的心境大不相同。

那位導遊的丈夫聽說是在五十歲左右過世，雖然比想像得稍微早了點，但這位丈夫的靈魂，卻與「怪談」當中「如果有了新的對象，就折磨對方到死」的靈魂正好相反。

各位變成了靈魂之後，應該也要儘量像這樣，祝福身後的親人能獲得各自的幸福。

「斬斷對世間的執著，在靈界當中保佑他們吧！自己在新的世界裡，結識新的朋友過好生活。」

持有這樣的心態是很重要的，這樣的人就會前往天國。

但如果不是這樣，反而是憑依於世間的妻子身上，聲稱：「這是我掙來的土地和房子，絕不允許他人沾光。」

若是這樣，此人就一定會變成幽靈。

希望各位往後能祈求身後之人的幸福，從另一個世界當中為他們獻上祝福。

每一個人皆會離開世間，所以要明白「人生就是這麼一回事」。

離開世間之人，
應該祝福留下的人們更加幸福。

這是真愛？還是……

如果自己真的愛對方的話，應該祝福對方過得幸福，而不應該詛咒對方不幸。

如果在自己認為的「愛」當中，參雜了詛咒對方不幸的意念，那就是自我我欲的「愛」，那是自我保護的欲望或自尊、自我憐憫的「愛」。

若是真正的愛，就必須祝福對方往後的幸福。

如果詛咒對方不幸，甚至想要殺死對方再婚的對象，最後連自己喜歡的男人也想一起殺掉，那麼此人注定會墮入地獄。這已經是到了惡靈的地步。

你的愛是否是「束縛的愛」？

如果愛到最後，變成這個樣子，那就太可悲了。

若演變到這種情形，就是「愛過頭」的問題。

不管是孩子也好，夫妻也罷，戀人也好，如果愛過了頭，有時就會相互傷害。

容易變成那種幽靈的人，似乎都有「做過頭」的傾向。

即使覺得「不用做到這種程度」，卻還是愛過頭了。

對孩子也好，對異性也罷，如果是一個過於奉獻、愛過頭的人，通常都是嫉妒心強烈、獨占欲旺盛的人，致使最後變成幽靈。

所以，「愛過頭了」也會成問題。

不可這樣，而是應該給予對方某種程度的自由。

即便是孩子，也要給予一定的自由；即便是丈夫，也得要有一定程度的自由。

如果將其完全束縛，像「籠中鳥」一樣，那就不是「愛」了。只有在空中飛翔，才能稱之為鳥，關在籠子裡的鳥就會「死」掉。

為了讓丈夫能夠心情愉快地去上班，那麼就需要妻子的幫助和愛。

在愛之中，還是需要一些健全的嫉妒，嫉妒本身是不可能完全消除的。

嫉妒、上進心和競爭心等等是相互關聯的，所以這些並不會完全消除不見。

嫉妒到褐色程度恰好

松下幸之助曾巧妙地說過：「嫉妒心要嫉妒到褐色程度恰好。」【引用自昭和二十八年出版之《ＰＨＰ的言語》谷澤永一、《松下幸之助的智慧》（ＰＨＰ研究所出版）】

若嫉妒到「焦黑」的程度，是不行的。

然而，一點嫉妒心都沒有，也是不行。

「褐色、棕色是嫉妒得恰到好處，請到這種程度即可。」

這也是一種中道，或許是一種特別的教義，這就稱之為「嫉妒之中道」。

無論是丈夫還是妻子，多少有點嫉妒或占有欲是應該的。尤其是夫妻中的一方比較熱衷於興趣愛好或參加社團活動等等，另一方就會擔心起來，開始想要抱怨。但此時要想起：「嫉妒到褐色程度恰好，如果變成焦茶色，或焦黑的話，就太超過了。」

不過如果一點嫉妒心都沒有，這又會讓人感覺到狐疑了。

「請自便，我完全不會在意，也不關心。要去哪裡，要死在哪裡都隨便你。」若是如此，這幾乎等於沒有愛。

如果嫉妒心能停止於恰到好處的褐色，或不造成傷害的狀況就好了。若能在這種情況下停止，就不會變成幽靈。

然而，我要提醒：「如果嫉妒到焦黑的話，就會變成幽靈。」

這對配偶或孩子都是一樣的，如果嫉妒到焦黑的話，是不行的。請控制在恰到好處的、薄薄的褐色、棕色較好。

對所愛之人的嫉妒，
最好到褐色為止。

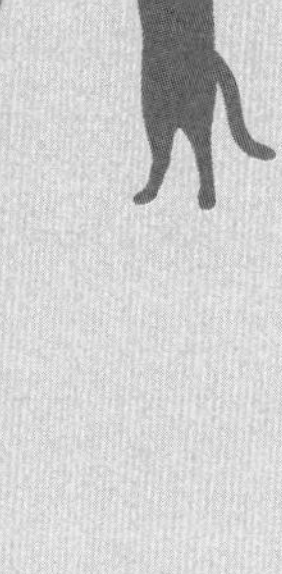

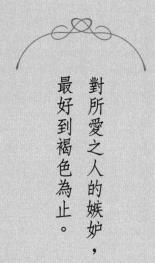

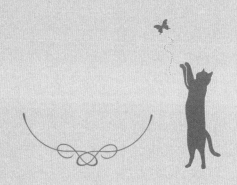

能幹的妻子要能熟練的拿捏分寸

嫉妒也是愛的一種表現，少量即可，不能嫉妒到焦黑，而且也不可以將對方放到籠子裡。

「稍微的嫉妒，但同時也要在一定程度上信任對方，給予對方自由。」對此的分寸拿捏很重要。

此外，世間每一個人並非都是站在相同的立場，所以要是妻子不能隨著先生在社會上的地位，進行心態的調整的話，將來就會遇到很大的困難。

就像這樣，女性也需隨著先生立場的改變，不斷地進行相對應的進化。

必須重視心的控制

電影「怪談」講述的是四十歲不到的女音樂老師，與剛過二十歲的年輕男子陷入一段很深的感情糾葛。

因為女方的年齡比男方大，所以她自己一開始就已明白，年輕的男子終究會拋棄自己，轉而和年輕的女孩在一起。

當初男方因為沒有穩定的收入，所以才會依靠女方，因此她一開始就知道男子早晚都會獨立離開。

既然早已明白這一點，若能帶著「這幾年只要快樂幸福就好了」的心情，最後應該就不會變成幽靈了。但是，若是嫉妒到：「如果拋棄自己，就一定要殺死你」的話，畢竟是不行的。

希望各位以此為例，認識到控制己心的重要性，並且思索適切的嫉妒心到底是到何種程度為好。

贈言 2

打從心底說出「我愛你」

有的人，因吵架而分手後，
才發現自己愛著對方。

有的丈夫，在離婚後，才吃驚地發現，
沒有妻子竟是如此空虛。
有的妻子，在大罵、詛咒後平靜下來，
才發現丈夫的偉大。

有的父母，在孩子過世之後，
才發現自己未曾誇獎過孩子，而不斷自責。
請記住我的話。
失去之後才發現就太晚了。
如果你愛對方，
就請現在，
向對方說出「我愛你」。

如果你喜歡對方，
就請現在，
以行動表現出來。

切莫遺留下永遠的悔恨。
在世間尚有生命之時，
就請說出「我愛你」、
就請打從心底徹底地說出「我愛你」。

Part 2

你的愛是真的嗎？

Is Your Love a Real One?

要知道「愛是施予」

在此我想講述「獲得幸福」這個如此平易近人的題目。我想儘量講得淺顯易懂，讓即使是剛剛開始讀我的書的人也能明白。

「幸福科學」雖然特別重視「愛」的教義，但對於「愛」與「執著」做了明確的區分。

世上有許多人在定義「愛」的時候，都是以「自己被愛」為思考中心，這也可以說成是「從他人身上得到愛」。

但是，幸福科學所說的愛是「施愛」，而「施愛」相當於佛教所說的「慈悲」。

對此，若未學習過宗教性的思考方式，是很難想到的。若是沒有接觸過任何宗教，僅僅接受過普通的學校教育而進入社會的話，大多數人都沒有考慮過什麼是「施愛」吧！

明明自己對他人付出了愛，為何被討厭了呢？

世間當中有太多人，被錯誤的「愛」的想法給支配著。

許多人以為「自己對他人付出了愛，正實踐著愛」，但很多情形是因為錯誤的想法，反而帶來了痛苦。

譬如，請父母親思索一下對子女的愛。

父母都會說：「對自己的孩子當然會捧在手心，十分疼愛。」可是實際上你是發自內心地愛著孩子，並且是為了孩子而活著的嗎？

普通最常見的情形是，小孩子不聽從自己的話，進而出現許多叛逆的行為。

「我是如此疼愛著孩子，可他們為什麼不聽話而反抗呢？非要把我說得這麼壞呢？真是不知道為什麼啊！」為此而苦惱的父母，應該不在少數吧！

自己所愛的孩子走上歪路，行為不端正，甚至離家出走，或夫妻關係因孩子問題而變得惡劣。

此時，父母們會想：「我是如此愛著孩子，為什麼是這樣的後果？」實際上，這想法當中隱含著錯誤。

「有條件的愛」逼得孩子走投無路……

錯誤之一就是你在向孩子要成果，「如果小孩達到了目標，就把愛給小孩」，你在以這種方式給予愛。

這樣的父母多不勝數。

這是現代社會男性化的表現方式之一。

在公司等男性社會中，盛行成果主義，並且滲入到家庭當中。母親要求孩子達到特定的成果，「如果孩子達成目標，就疼愛小孩子；

如果沒有達成目標，就以叱責和怒火來取代愛。」我們時常可以看到這種情形。

當然，在一定範圍內，這樣的事情是被允許的。

孩子若在學校取得優異的成績、體育表現活躍、繪畫或書法作品得到好評，作為父母來說是值得高興的事情，誇獎孩子幾句也是理所當然。

但是，若開始將「成果作為條件」、給「愛」附加上條件的話，就會產生問題。對孩子來說，能夠達到目標固然很好，若達不到時，就會向父母舉起反旗，藉以保護自己。

「如果你達不到目標就不疼愛你了。」當孩子聽到父母這樣說的時候，就會感到恐懼：「父母也許會丟掉自己。」

他們會感到「愛」之相反的「恐懼」。

孩子雖然會為了取得某種成果而努力，但由於父母的要求太高，有時將難以達到。

此時，孩子為了自我保護，就會開始反抗、自閉或逃避。

像這樣，孩子的不正當行為、反抗或逃避等等，都是因父母「有條件的愛」所引發的問題。

省思你的愛是不是「有條件的愛」？

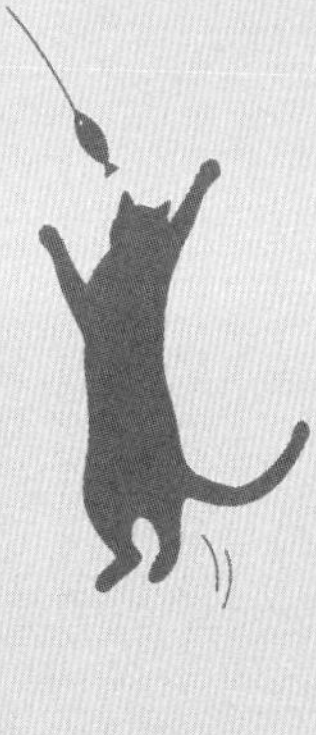

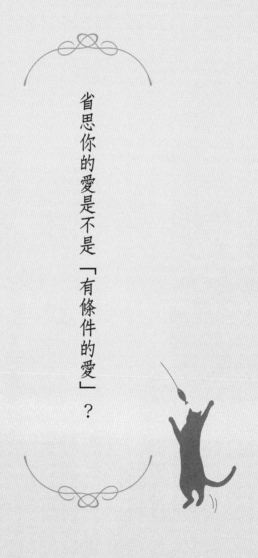

當感到伴侶的愛成為重擔時

同樣的事情，也容易發生在夫妻或伴侶之間。男女之間，常常會要求對方滿足某種條件。

這種思考方式就是：「如果你滿足了這樣的條件，那我就愛你。」

「如果出人頭地了，我就愛你。」

「如果收入增加了，我就愛你。」

「如果有房子了，我就愛你。」

諸如此類，要求條件的事情形形色色，人們常常沒有察覺到，這樣的愛，對於對方來說是一種沉重的負擔。

雖然有人為了得到對方的尊敬而拚命努力，但是不堪沉重負擔、有苦難言的人其實不在少數。

此外，在親子、夫妻、戀人之間，也有許多人痛苦於自己被束縛、被管束。

被父母或伴侶的束縛感覺越重，不幸的感覺也就越強。

以為是在「愛」對方，但實際上……

然而，以為自己是在「愛」對方的一方，不曾想過自己竟然會給對方帶來不幸。

特別是，人越是聰明，其支配欲就越強，就越會表現出想要支配他人的傾向。在這種支配欲中，湧現出了以為自己「能操縱對方」的意欲。

這樣的人很聰明，如果對方按照自己的意圖行動時，就會覺得

「彼此相愛」，如果偏離了自己的意圖，就會感覺「愛不成立」。這在某種意義上，是一種支配欲。

此人雖然以為自己愛著對方，但這種「愛」與幸福科學所教導的「施愛」不同。

「操縱對方，若對方按照自己的意圖行動的話，愛就成立。」

「像契約一樣，如果符合條件，就是愛。」

「假如對方符合自己心目中的『模子』，愛就成立，否則就不成立。」

這樣的思考方式，是不正確的。

想隨己意操縱他人之人，其內心有著恐懼

持有這種想法的人當中，女性比較多，但若是去思索：「為什麼非要把丈夫或男性伴侶放到模子中呢？」我認為，其原因還是出自於恐懼心。

這是一種「害怕失去對方的恐懼」，是一種「害怕自己無法再掌控對方的恐懼」。

此外，一般情況下，因為不知道對方（男性）在公司裡做什麼樣

的工作，所以也有一種「掌握不了對方行蹤或工作的恐懼」。

當對方的一切均在自己的掌握中，能操縱對方時，就認為「愛是成立的」，而一旦無法操縱了，就馬上會湧現出一種恐懼心：「自己是否會在不知不覺中被丟棄呢？」

如此一來，「防禦本能」就會出現，無論如何也要操縱對方，為此語言就變得刻薄起來，而開始調查對方的行動。

家庭之愛崩壞的起因

譬如，趁著丈夫回家在洗澡時，查看他手機或筆記型電腦中的電子郵件。這樣的事情一旦開始，就會變成家庭之愛崩壞的起因。

「到底每天都收到什麼樣的郵件啊？」

「這封該不會是女性寄來的簡訊吧？」

一邊查看丈夫的郵件過程中，一些幻想就會慢慢成形。更甚者，會委託偵探調查丈夫，到此已經進入了一個相當危險的境界。

之所以會變成這樣，基本上是支配欲在作祟。是因為有一種「想支配對方」、「想獨占對方」的欲望。

對於無法壓抑這種情緒的人，建議你暫時冷靜下來思考。好好想一想：「從『施愛』的教義來看，你是否抱持著支配欲和獨占欲？」

那絕對是一種把對方綑綁住的愛，這一種「奪愛」，其愛的當中，一定存在著地獄性的思想。

因此，這種愛的方式是錯誤的。

孩子會逃離「以恩人自居的父母」

女性有一種將家人看作自己「所有物」的傾向，認為「丈夫與子女都是自己的」。

在親子關係融洽的家庭中，親子間的對話大多都是這樣的：
「媽媽只是生了你，沒有做什麼別的。
你是靠自己的學習與努力，才會有今天的成就。」
因此孩子不會反抗父母。

然而，親子關係不太融洽的家庭，其情況正好相反。

當孩子感覺到父母把自己當成是「所有物」時，通常會產生反抗之心。

「生你的時候，疼得死去活來。」

「那時，你爸爸被裁員，整天無所事事，家裡的經濟狀態差得不能再差。」

「我的身體狀況也不好，生你的時候骨頭都散了，至今還沒有恢復原狀。」

如果這樣的話，連續十年以上講給小孩聽，要求小孩要感恩，對於聽的人來說是多麼痛苦的一件事。

若是父母親像是壞掉的錄音機一樣，不斷重複相同的話語，如此孩子就會慢慢厭煩起來：「這樣的話是第幾次說了？」於是，從小學六年級左右至國中時期，孩子就會開始逃離父母。

父母必須要知道「孩子為什麼會逃之夭夭？」

正是因為父母老是說著相同的話，所以避之唯恐不及。

總是要孩子感恩，在一旁不停地嘮叨：「你還欠我呢！快還！快還！」

唯有「純粹施予」才會有「德」

如果是這個樣子，養育子女不會讓父母親積「德」。
唯有「純粹施予」才會有「德」。

「自己在背後作無名英雄就好了。
養育子女本身就是自己的生存意義，
這本身就是足夠的獎勵。
惟願子女能夠幸福生活就可以了。」

如果父母能夠這樣想的話，孩子就不會逃避了。

但是，父母若想著：「自己吃過的苦，經歷過的艱難，往後要一點一滴地補回來。」那麼孩子就會想要逃走。

如果總是不停地嘮叨：「你還有多少『借債』沒還。」不管講話的是父親還是母親，畢竟被討債不是好事，所以孩子就會想著逃避。

如果你的孩子開始逃避，請反省一下「自己是不是也有這樣的口頭禪」。

是否錯把嫉妒心當成了「愛」？

在夫妻關係中，有不少人將因為害怕失去對方而產生的嫉妒心，誤認為是愛。

的確，當男女之愛產生時，二人之間就不能容忍第三者進入，不但會產生一定程度的嫉妒心，也會出現具有「排他」的傾向。

然而，若這個嫉妒心走向極端，就必須知道它已經不是愛了。它不是愛，而是在「束縛對方」、「奪去對方的自由」。對方會因為這個重擔而感到痛苦。

「總是受到妻子的監視」、「總是受到丈夫的監視」，這是相當痛苦的事情。

真正的愛，應該是要讓對方幸福，但一般人卻容易走向極端，進而剝奪對方的自由，讓對方痛苦或束縛著對方。

若以為這就是愛，就會肯定自己的嫉妒心，並將其正當化。所以各位必須明白：「嫉妒心與愛是不同的。」

要知道「嫉妒心」與「愛」是不同的。

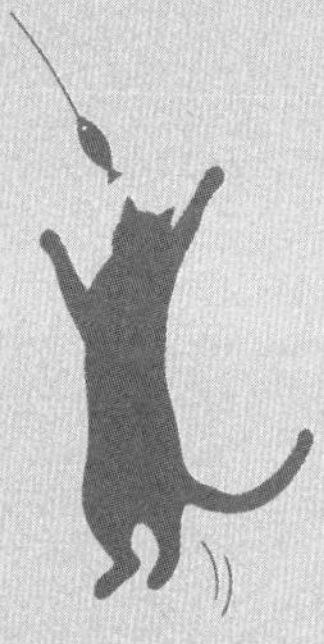

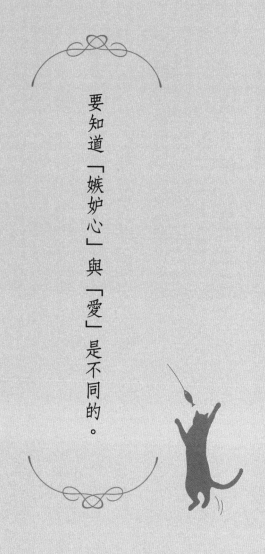

「相信對方」的重要性

從本能上說，伴侶之間無論如何都會產生嫉妒心，此時重要的是應想到：「這不是真正的愛。」

而且，應尊重對方的人格，要在一定的範圍內給予對方自由，必須要持有「相信對方」的心態。

不僅是夫妻之間，對待子女也是一樣。

無論多麼在意子女，也不能整天死盯著不放。子女上學、與朋友玩耍或上補習班期間，父母的確是不知道孩子在做什麼，但是沒有必要監視子女的所有行動。

束縛對方，總是將其放在自己的「圈子內」，這不一定是愛。如果開始心存嫉妒，必須要立刻反省，將這種情緒化解掉。如果任其發展，嫉妒心恐怕就會轉化為通向地獄之心。

老是想晚點回家的丈夫的心聲

嫉妒心幾乎全都是源自於恐懼心。

嫉妒心是一種害怕對方逃走、害怕失去對方的恐懼心，或者是說它產生於自我保存欲、自我中心主義。

在其背後，有著「想操縱對方」、「支配對方」的心情。在一定範圍內，這樣的心情也是可以原諒的。但是讓對方感到痛苦，施加重負，使其感到窒息，那麼這樣的愛就等於「徹底破滅」了。

實際上，世間有很多害怕回家的男性。

為什麼丈夫老是想要泡在小酒館裡呢？

那是因為他想晚些回家，盡可能地縮短與妻子的接觸時間，這是一種逃避。

因為不可能有兩個家，所以就只能盡可能地拖延回家的時間。

與妻子的接觸時間一旦長了，丈夫不知道又會被太太唸些什麼。

所以想營造一種回到家之後，就能夠馬上睡覺的狀態。

「唉，今天累了，加班實在太累！」

「今天接待客戶真是太辛苦！」

這樣一說，倒頭就睡，就能儘量減少與妻子對話的機會。

世間有很多這樣的男性，必須將他們從妻子的攻擊中解救出來，他們實在很可憐。

他們是一群不知如何和妻子對抗而感到痛苦，需要獲得「拯救」的對象。

給對方施加重負，愛就會徹底破滅。

控制嫉妒心的「大人的智慧」

能夠抑制嫉妒的情感，是「大人的智慧」。

各位必須要抑制嫉妒心。

必須要尊重對方亦是一個獨立的個體。

無論是夫妻或情侶關係，還是子女長大成人時的親子關係，都是一樣的。這些關係中，有些事可以干涉，但有些事必須交由其本人去決定。

「因為我這麼愛你，所以要徹底圈住，不能讓你逃走。」

「為了不讓鯊魚或其他的魚類靠近，我要像拖網捕魚那樣將網撒開，讓我來保護你。」

若以這樣的感覺來擁抱丈夫的話，那麼丈夫便會漸漸地覺得脖子被勒緊，越來越痛苦。

有些執拗的女性，甚至會打電話到丈夫的公司，確認丈夫是何時下的班。於是，當丈夫深夜回家，若說「加班到很晚」的話，就會不斷地追問「是加班到幾點？」

這已經不是愛了，而是在「逼迫」丈夫。

從丈夫的立場來看，如果妻子不囉嗦的話，是能夠早點回家的。但因為妻子像什麼偵探似的監視著自己，讓人有家難回。

作為一個成熟的大人，應該給對方一定程度的自由。必須知道「互相都有自己的隱私」。

想要丈夫早點回家，不是靠查問和管束，而是給他早點回家的理由，一個令他產生迫不急待想要回家的念頭，而這是需要花點心思的。

提高「愛」的能力

前文中談到了各式各樣的事情，無論是夫妻，還是親子，都應該認識到對方具有獨立的人格，培養一種成熟的關係，這樣愛對方才是最重要的。

否則，愛是不會長久的。

「愛」的能力也是可以提升的。

為此，相互之間最重要的就是努力「培養一種成熟的關係」。

「愛的能力」是可以提升的。

而且，為了防止愛變為執著，不能強加給對方義務感，最重要的還是互相尊重自然而然湧現的愛情。

以上向各位講述了如何以愛為中心，而獲得幸福的一種技術論。希望能成為各位在思索愛的問題時，一個參考的面向。

贈言3

為小事而高興吧！

世間，
充滿了小的喜悅。
能吃上早餐，
能自己刷牙，
能順利排便，
能順利小解，
不坐輪椅也能行走，

能用鼻子和嘴呼吸，
能用手撫摸孩子們的頭，
夫妻之間能相互擁抱，
能攀登樓梯，
能在陽光下的公園散步。

並且，
今天也有工作，
也有職場，
自己還能付出勞力，
還能為社會做出貢獻。

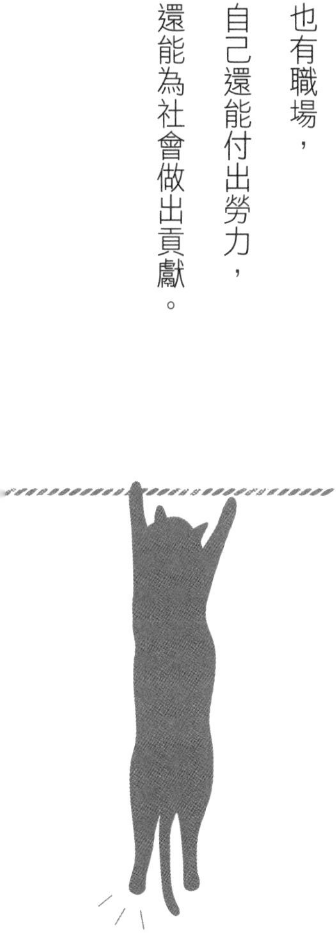

啊～

能自由的活動，

能夠讓人們對自己的存在感到喜悅，

這是多麼幸福的事啊！

為小事而高興吧！

感謝這些小事吧！

從細小的事物中，

感受夢想和人生的價值吧！

Part 3

你的心清爽嗎？

Live with Cheer

你活得清爽嗎？

在本書的最後，想探討一下「活出清爽的人生」這個主題。

從市面上出版的書籍以及我的藏書來看，幾乎找不到一本以「活得清爽」為主題的書。令人意外的是，談這主題的人好像不太多，如果這樣，那就由我來說好了。

誰也不想碰到牢騷滿腹的人！

在人生當中，還是不應忘記要活得「開朗」和「清爽」。

為了成為一個「清爽之人」，該怎麼做才好呢？我想有以下幾個要點。

首先，請各位想想什麼類型的人是不清爽的呢？我想應該多少都可以想出幾個來吧。

若是讓我來說，我首先列舉的是「牢騷滿腹的人」。

各位不會想要遇到牢騷滿腹的人吧！

顯而易見，這樣的人總想博得他人的同情，的確有時也值得同情，也理解此人「想要讓別人聽聽牢騷」的心情，但是聽多了這樣的牢騷，心情也會變得逐漸沉重起來。

請停止亂丟心裡的「垃圾」

若有一個人，讓各位覺得「樂於與其見面」，那一定是個開朗的人吧！因為與開朗的人相見，自己也會感覺精神振奮，生機勃勃，所以見了還想再見。

然而，每次見面都要聽他發牢騷的人，就會讓人洩氣吧！畢竟會讓人覺得「自己是不是被當成了垃圾桶？」

雖說「聽取人們的牢騷或煩惱」是宗教的重要使命之一，但是「垃圾桶」也是有限度的。

如果有人邊走路邊亂丟心裡的垃圾，跟在他後面拚命收集垃圾，這就不能說是宗教的工作了。與其這樣，還不如對此人說：「該是停止散播你心裡的垃圾的時候了。」這樣做反而比較積極、正面。

有時候，還是有必要向丟「垃圾」的人，傳授如何不要亂丟垃圾的思考方式。

牢騷將在你的心中製造「烏雲」

那麼，如何做才能讓發牢騷者停止牢騷呢？

在這裡，首先應該知道一個事實。

「發牢騷」這個行為在宗教當中意味著什麼呢？

那就是「在心中製造『烏雲』」。

人們為什麼會發牢騷呢？

「想得到他人更多的表揚」、

「想得到稱讚」、
「想得到金錢」、
「想得到地位」、
「想得到名譽」。
就像這樣，人們對於各式各樣的東西都一直是「想要，想要，想要……」，欲望非常強烈，然而卻無法得手，於是就會開始發牢騷。

雖想「只要自己好就行」……

發牢騷的人，大多是將問題歸咎於「他人不好」或「環境不良」，這是其特徵。

將問題怪罪於自己而發牢騷的人，是很罕見的。認為「自己不好」的人，是不會發牢騷的。

一般來說，將問題歸咎於「他人不好」或「環境不良」，才會發牢騷。就像欲求不滿一樣的感覺，這樣的人肯定為數不少。

然而，若說發牢騷能得到什麼好處那也就算了，不過事實並非如此。

舉例來說，若一個人叫嚷：「討厭家中垃圾堆積如山」，然後將垃圾全都扔出窗外。雖說家裡是變乾淨了，但對於街道而言，卻形成了「公害」。這種認為「只要自己好就行」的想法，其結果就是汙染了整個街道。

發牢騷也是一樣。

「將牢騷全部扔出去，換得一身輕鬆」，雖然只是打算清理一下自己眼前討厭的東西，卻漸漸讓周圍的人厭惡起來。

要知道：「牢騷不僅會弄髒自身的佛性、神性（所有生命都宿有著和佛神相同的尊貴性質），同時也會弄髒別人。」

當你想要發牢騷之際，請一定要想到：「牢騷會在心中製造烏雲，並且散播垃圾。」

一旦發起牢騷，即使是天上界的守護靈（注）或指導靈降下光明，也會因這種牢騷烏雲的遮擋，使心靈得不到光明的照耀，其結果，就是自己不得不一直處於黑暗心靈的狀態。

最後，愛發牢騷的人也很難交得到朋友，這也是其特徵之一，各位必須知道這一點。

注：「守護靈」是指守護和善導世間之人的靈，每個人皆有一位

守護靈。

此外，在世間具有重大使命的人，則會配有專門進行指導的「指導靈」。

牢騷會在心靈中製造烏雲，
並且散播「垃圾」。

想把「往事」與「今天」相比時

在愛發牢騷的眾多原因之中，當然也包括肉體的原因。

人在上了年級以後，大多身體會出現狀況，因此也就容易滿腹牢騷。開始時會覺得「這兒也痛、那兒也痛」，慢慢地不平不滿就會積累起來。

有一件事，希望這樣的人能夠注意。

人過四十歲，就會把「往事」掛在嘴邊，因此要注意，最好不要淨提往事。

「以前是如何、如何好」這類話，將成為牢騷的根源。

時常嘮叨「自己年輕的時候如何、孩子的時候如何、三十歲的時候如何、結了婚以後如何、工作的時候如何、升職的時候如何……」等等，就這樣一直想著過去，很容易就會開始發牢騷。

人生在「下坡路」上也會有好事

四十歲是人生的折返點。

更明確地說，原來一直都是登山的狀態，但從此以後，就可能要開始走下山的路了，這就是四十歲。

在此之前，大多是以某種形式不斷往上走，但從四十歲以後，實際上是開始走下坡路，最後的終點就是「去那個世界」，這一點是不會錯的。

假如說出生之前是「登山之前」的話，那麼出生之後就是開始登山的狀態了。然而，終究我們還是要回到那個世界，所以不得不在某處開始下山。

即使講一些自豪於過往經歷的話，但看到自己現在不如往昔的狀態，就會開始發牢騷，這樣就很可悲了。

因此，過了四十歲，談起往事也請適可而止。

並且，要著眼於未來。

雖然現實中，的確是在走「下坡路」，但是在下坡路上也會有很多好事。

下坡總比上坡輕鬆。

而且，還能夠「回家」。

明白嗎？

還能夠回家。

靈界——實在界，才是「真正的家」。

現在，我們是到這個世界來旅行的。

登山時，誰都會朝著山頂前進，但若到了山頂後，就只有你一個人孤零零地留在山頂，想必是受不了的，就連一個晚上也不願待下去。

即使是以登上山頂為目標，也還是想要回家的吧！

「下山」就意味著「從此就要回家了」，因此接下來將會出現許多好事。

各位還是要著眼於未來。

「展望未來，以開朗的心情生活下去！」

如此下定決心，非常重要。

過了四十歲，提醒自己不要過分地談論往事吧！

這就是我想提醒各位的。

活出清爽的「第二個人生」

四十歲以上的人，請盡可能地以樂觀的態度看待未來吧！

當看到五、六十歲甚至七、八十歲的人在樂觀地談論未來時，年輕人也會感到很欽佩。

年輕人也會想：

「未來自己也要像那樣！」

「希望一、二十年後，也能像那樣！」

「就算是『大限』臨近，還能活得那樣健康、開朗，真讓人羨慕，希望自己也能那樣！」

這就是一種「清爽的人生態度」。

若是讓年輕人覺得：「自己不想變成那個人的樣子。」那麼那樣的人生態度，肯定不會是「清爽」的。

有些人常常遭人說：「真不想變成那個樣子！」

然而這樣的話，是不會在當事人面前說的，所以本人根本不會知道。也正因為本人不在場，所以才會有人議論。

因此，希望各位的目光要放在未來。

「把未來看得光明些吧！

相信未來是光明的吧！
看事情盡量看好的一面吧！
減少發牢騷吧！」
如果人生已過了一半，就請抱持著這樣的心境。

僅是做到這樣，人生就會出現不同的境況。
不可思議的是，人氣會開始出現。
並且開始受到他人的稱讚。
讓人感到：「那個人好像很努力的樣子耶！」
於是，那就會變成像是「游泳圈」一樣，讓你產生「人生的浮力」。

「那個人真的很努力，很開朗耶！這把年紀，竟還能那麼樂觀地看待未來！」就在被他人稱讚的同時，自己也會湧現力量。

如此人生態度，對自己來說也是大有益處。

儘管想把自己的牢騷像丟垃圾一般地丟棄，但這樣的東西大多是「過去的遺物」。

所謂的垃圾，就是用過的、過去的東西，因此用不著執著，重要的是「面向未來」。

對此，希望各位能夠經常注意。

人生若已過半，
要時刻注意「面向未來」。

誰都有「自卑感」和「嫉妒心」

此外，當思索要如何「活得清爽」時，各位都會面臨人生修行中的兩個重大課題——「克服自卑感」和「克服嫉妒心」。

「完全沒有自卑感和嫉妒心」的人，是不存在的。

若有這樣的人，請舉手。

終究是沒有的。

雖然程度不同，但不管是怎樣的人都會有自卑感。

只不過，若總是把自卑表現出來，讓人感到「那個人的自卑感很強」，那麼此人即是「不清爽」的，這會讓人感到很灰暗。

正因為人各不相同才有趣

自卑感產生於「與他人的比較」。

而且，嫉妒心也是產生於「與他人的比較」。

兩者都是如此。

在世間當中，必須要和他人共同生活，無論什麼人都會有某些優點、某些缺點。

要是所有的人都像「人造人」那樣全都一樣，那肯定不好。

「完全相同的尺寸，都具有同樣的性能和功能，壽命也一樣，馬力也相同。」如果是這樣，那就和機器人沒什麼差別了，人類不可能是這樣的。

正因為人類有各式各樣的差別，所以才會覺得有趣、才有無限的可能性。

而且，「人與人的組合」也同樣有趣。不同類型的人搭配在一起，可以創造出多彩多姿的事情，那更是了不起。

先前說了「引發自卑感和嫉妒心的原因，是出自於和他人的比較」，但人與人的不同是理所當然的事情，正因為豐富多彩，這個世界不是才更有趣嗎？

如果每個人都一樣，那出生還有什麼意義？
正因為有許多不同的人存在，那才有趣。
受到他人的刺激，在相互切磋琢磨中生活、成長。
有時當老師，有時當徒弟，互相教育，取長補短，過著這樣的生活，人生才有樂趣。

唯有靠自己才能克服自卑感

如上所述，即使抱持著自卑感和嫉妒心，也可以努力改變心境、努力超越它，向覺悟挑戰。

沒有自卑感和嫉妒心的人是不存在的，重要的是「怎樣超越它，把它變成有益的東西」。

「我有自卑感，而且很強烈，好比說這件事、那件事，到處都是……」即使列舉再多，也不能解決問題。

到處求人：「我不是美人，請無論如何也要幫幫我。」但這又有什麼用呢？這頂多只能向父母發發牢騷。

即便四處打探「如何才能再長高二十公分」，但最後也只能穿上高跟鞋應付。

此外，有人嘆息：「想要變聰明一點。」但其原因出自於過去沒有好好地學習，如今說再多也不管用。

就像這樣，即使把自卑感扔給他人，也是解決不了問題的。

向他人訴說這個那個，希望得到安慰，卻什麼也改變不了。

積累小的成功吧！

應該做的是自我精進，不斷積累小的成功，增強自己的自信。透過增加自信，自卑感就會逐漸淡薄。隨著小的成功不斷積累，慢慢地就不會感覺到自卑感了。

自卑感強的人，畢竟是一種不幸。一天到晚，都被自己的自卑給困住的人，的確不幸。

然而，思索自卑感的時間逐漸減少時，情形會變成怎麼樣呢？

譬如，這時你會開始考慮他人的事情，很想去幫助他人等等，等你忘記自己的自卑感一段時間後，你應該就會變得幸福、成功。

不斷積累小的成功，
自卑感就會逐漸淡薄。

你所嫉妒的對象，其實是你的競爭對手

另一個課題，是「克服嫉妒心」。

「與他人比較，所有方面都絕對不能輸」，這是不可能的。和他人相比之時，必定是有些方面會比較優異，有些則會比較差。

人所嫉妒的對象，基本上來說，是自己所關心領域的人，簡單地說，就是「成為自己競爭對手的人」。對於不是這一類的人，自己是不會產生嫉妒心的。

譬如，我每天都在運動，這只是為了健康，並不是「想當運動選手」而運動。所以要我「嫉妒奧運選手」是不可能的，想都不會想。

深受人們喜愛、有「柔道娃娃」之稱的谷亮子選手，對於她是否能夠得到柔道金牌，我不會產生任何的嫉妒心。

然而，如果是一位水準相當高、實力很強的退役選手的話，又會是怎麼樣呢？

從職業選手引退、結婚，如今已成為人母的人，看到「柔道娃娃即使也成為了一位媽媽，但仍然想勇奪金牌」的樣子，難道不會產生嫉妒心嗎？

「我已經完全引退，而她還在做職業選手？」這麼一想，就會感到嫉妒吧！

之所以「感到嫉妒」，還是因為自己在乎。對於自己「也想要成為那樣」的人，才會產生嫉妒，對此以外的人是不會產生嫉妒的。

人只會對自己所關心的人，才會產生嫉妒心。

面對這種嫉妒心，如果不努力改變自己的心態，是無法獲得幸福的。

各位能從嫉妒心蠢蠢欲動的人身上，看到幸福的身影嗎？覺得「那個人的嫉妒心很強」時，各位曾想過要變成那樣的人嗎？

誰都不會想成為那樣的人吧！

如果看到他人的身影，肯定會覺得「嫉妒令人討厭」，但是別忘了，這麼想的自己，也是一樣會產生嫉妒心。

幸福的人不太會去嫉妒他人

關於嫉妒心，女性要格外注意。

本書當中也講述過，如果放任本能讓嫉妒心往前衝的話，那麼死後，也許會變成「幽靈」。

如果是男性，理性比較強，因嫉妒心而變成幽靈的機率較小。女性比較感情用事，一旦嫉妒起來就會無法收拾。

感到嫉妒的狀態，即是「不幸的狀態」。

現在幸福的人不太會去嫉妒他人。

而你的幸福程度越高，就越不會對人產生嫉妒。

然而，如果你的不幸感越強，對人的嫉妒心就會越強。

兩者就是這樣一種關係。

如此，漸漸地成功下去，嫉妒心就會變淡薄。

反之，如果失敗多了，或者有傷口部分時，嫉妒就會加深。

為了不讓這個世界成為一個「誰都無法成功的世界」

如果將自己強烈的嫉妒正當化，情況會怎樣？

那就會變成曾經風靡一時的「馬克思主義」那樣了。

信仰馬克思主義的人，對於成功人士特別眼紅，總是在說：

「那些有錢的大老闆，從窮人那裡把錢捲走，然後自己享樂。」

像這樣的說法，就是在將自己的嫉妒心正當化。

但是，若對貧窮給予肯定的話，其結局就是將上位的人全都拉下來，所有人只好都變得貧窮。

共產主義國家幾乎都是如此，大家都成了窮人，其結果就是締造了一個「誰都無法成功的世界」。

因此，不能肯定嫉妒心。

如果要有的話，那也應該是「健全的競爭心」。

「因為那個人正在努力，所以我也要努力。」如果是這種健全的競爭心，那就沒什麼問題了。

然而，如果這種競爭心走到了嫉妒心的層次，並予以肯定的話，那就無法說「人生已成功」。

讓人願意及不願意交往的人

嫉妒心的產生幾乎無法避免。

如果是女性的話，大多會對相貌俏麗、穿著入時、收入較多的人等產生嫉妒；若是男性，則大多會對收入多、父母有威望、地位和學歷較高的人產生嫉妒。

「那人的父母，比我的父母更有威望」，這不是憑自己的力量就能改變的，所以會產生不滿：「為什麼我的父母沒有這麼偉大呢？」

或者會想：「為什麼我會出生在這樣一個貧困的家庭中呢？那人生在如此有錢的門戶，真令人羨慕。我的家如『破屋』，而那人的父親卻是那棟大廈的房東……等等。」

可是，如果此人是一個會把這些想法掛在嘴上的人，那麼那棟大廈房東的兒子是絕對不會與此人交往。因為無論是誰，都不會想與露骨地嫉妒自己的人來往。這樣的人令人討厭，想躲都來不及。

如果感到有人總是嫉妒心蠢蠢欲動，還是會想離此人遠一點好，因為接近這樣的人，會帶來不幸。

如果，住在「破屋」的兒子，完全不在乎與有錢人家的區別，而能與之正常交往，那就相當不錯。

「你的老爸很了不起，你也了不起，我要像你一樣。」若能這樣大大方方地說出來，即使是有錢人家的兒子也能輕鬆交往。如此，就可以與沒有嫉妒心的人成為朋友。

把對方想像成自己的「理想樣子」

此外，對自己的長相缺乏信心的人，不應嫉妒美女，而應該與其成為朋友，相互切磋美容法或時裝等等「打扮的祕訣」。

不是出於競爭心，而是在自然而然的相處中，從對方身上學習，使自己也有可能逐步接近這種理想。

簡而言之，讓自己產生嫉妒的對象，其實就是自己心裡的「理想樣子」。

只要還在嫉妒這個理想人物，就不能獲得幸福。嫉妒就彷彿是向對方發射「詛咒之箭」一樣。

「那人投機取巧，不可原諒。」

「那人發了大財，不可原諒。」

「那人蓋了大樓，不可原諒。」

「他只是靠父親有錢，不可原諒。」

如果這樣想，就像用「詛咒之箭」，打算把對方擊落。

這樣的人，是誰都不想交往的「種族」。

如果是這麼想，既無法創造人脈，也沒有「德」，所以才會交不成朋友，也沒有支持自己的人。

不要再嫉妒下去了吧！

必須努力跨越它。
請跨越嫉妒心吧！

生來沒有嫉妒心的人是不存在的。
如果一直任憑本能行事，那無可避免地將會產生嫉妒心。

「有嫉妒心並任其擴大，就不可能幸福。」首先，我們必須要認識到這一點。

如果認識到了這一點，就要學習控制自己的心。

「嫉妒是不會幸福的！

不要再嫉妒下去了吧！

之所以會感到嫉妒，那是因為羨慕對方。

之所以羨慕此人，

是因為此人在自己關心的領域中，優於自己。」

請各位要能夠這麼想。

即使自己不能取代此人，也要想到：「把此人當作理想，去努力接近。」要懷著「祝福此人成功」的心情。

如此一來，你就會逐漸接近理想。

然而，如果只是嫉妒、攻擊此人，你就會離理想越來越遠。

現今的日本是一個貧富有所差異的社會，預計一種類似共產主義的思潮將再度興起。

在這樣的狀況下，那些在經濟上痛苦的人想必很辛苦，但是也不能將這種思潮過於正當化。

要為成功的人祝福

若在貧富差距的社會中看到成功的人，應該直率地學習其成功的秘訣，並改變心態，努力向其靠近，這點很重要。

現實中，人們有可能產生嫉妒心：「那個傢伙一本萬利，真令人討厭。」也可能藉由批判成功的人，而獲得一時的快感。

然而，這樣做不可能獲得真正的幸福。

若看到成功的人，首先要將其作為理想姿態並給予祝福，這一點很重要。

對這樣的人說聲：「真了不起！」本來就是不容易做到的事，想必這會讓人感到不好意思，難以說出口吧！

譬如，某高中生英語考試因為只得了六十分，而感到懊惱。此時，若還要去祝福取得滿分的人，的確沒那麼簡單。

「這個人肯定請了一位好的家教吧！」

「與我家不同，好像他母親是英語科班畢業，英語很流利。」

這個高中生會找出各種理由來安慰自己。

可是，此時若能直率地承認對方的能力，肯定「此人了不起」，自己也就能朝那理想的樣子邁進了一步。

人一定會朝自己理想中的人、肯定、祝福的人的境界越來越近。對於心裡描述的人和人生目標，自己一定會朝著這個目標邁進。

重要的是「以什麼為目標？」

整天想著如何扯成功者的後腿，是不行的。因為成功者是「自己的目標」，必須朝這個目標靠近。

請各位改變思考方式吧！

要真心稱讚他人，切勿別有用心。

然後，朝那理想的樣子邁進。

這樣的人，至少可以說：「自己已經從不幸的狀態中解脫出來了」。

人一定會朝自己理想中的人、
肯定、祝福的人的境界越來越近。

改變思考方法踏上成功的軌道

當心中一旦充滿自卑感或嫉妒心時，要知道「自己已成了不幸的人」。

反之，當這種情緒淡薄時，則可以說：「自己已踏上成功的軌道，將會越來越幸福。」

尤其是年輕人，單純、細膩，容易感情用事，也容易產生強烈的自卑感或嫉妒心。在自卑感或嫉妒心比較敏感的人中，實際上也有著許多優秀的人。

這樣的人，若是透過改變思考的方式，是可以踏上成功之軌道的。

請各位一定要改變思考方法。

常保積極的人生態度

請各位常保積極的人生態度，換言之，請成為一個積極向前，總是面向未來而生活的人。

遇到困難時，當你拿出勇氣、堅決果斷地想要克服時，你就可以突破困境。

以這種姿態去過生活，不正是被世人們認為「清爽」的人嗎？

堅決果斷地丟掉陰暗潮濕的一面，開朗地去生活，這樣的人生態度才稱得上清爽。

令人煩惱、發牢騷、迷惘的根源多不勝數。光是發嘮叨，除了於事無補，也交不到朋友。

對自己的煩惱，要在適當的時候徹底地「斷念」。

「到此為止吧！再也不要煩惱了！」

「死人是活不過來的，所以再後悔也沒用！」

「再這麼苦惱下去，債務也不會自然減少。總之，只有努力向前看！」

就像這樣，重要的是下定決心，哪怕是前進一、兩步也行。

看到這樣的人，心情就會覺得清爽。
請各位一定要成為這樣的人。
只要改變心態，就可做到這一點，這並非是難以辦到的事情。

打開心靈的開關吧！

打開心靈的開關吧！
將開關轉到「開朗的方向」。

打開開關，電燈就會一下子亮起來，關掉的話，電燈就會隨之熄滅。

道理就這麼簡單。
既然現在心是灰暗的，那麼就把它轉向光明吧！

把鑰匙插入鑰匙孔，轉向光明的一側吧！
光明開朗地生活吧！
這就是「清爽的人生」。

打開心靈的開關，轉到光明的那一側吧！

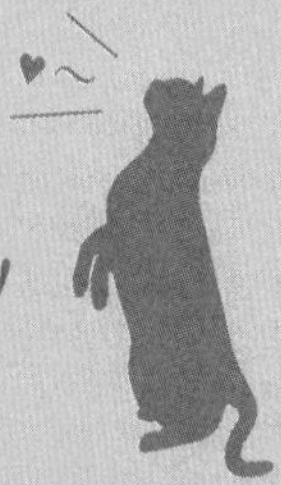

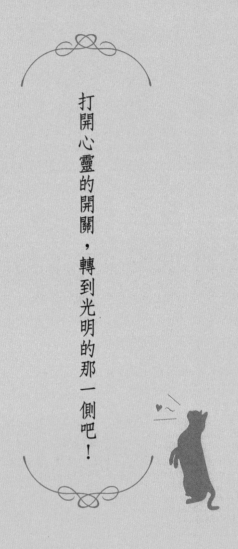

贈言4

愛的種子

請將手放置胸前，
靜心回想一下。
在你的一生中，
向世間付出了多少愛？
自出生以來，
向他人付出了多少愛？
對植物或動物給予了多少愛？

對自己給予了多少的愛？
對主回報了多少愛？
我想問各位這樣的問題。

各位終究會離開世間，返回實在的世界。
屆時，像走馬燈似地回顧自己一生的時刻終會到來。
在你與每個人的關係中，
「你播下過多少幸福的種子」，
這些都將一覽無遺地被展現出來。
你曾對父親、母親、妻子、丈夫、孩子、
老師、朋友、同事、上司和部下等各種人，

究竟付出了多少的愛？
這些問題你終將要回答。

若想召喚幸福女神，
就請先播下愛的種子，
就要讓他人也幸福。
只有在讓他人獲得幸福的過程中，
才有自己的幸福。

後記

總而言之，如果你充滿了嫉妒，現在的你就不快樂。

這本書，是一本關於改變思考方式的神奇之書，可以把你變成一個人人都愛的、充滿幸福的人。

你為什麼不試著改變你的思考方式，說：「就到此為止，我不要再擔心這些事了。」

請停止當同情和擔心的悲劇英雄吧，讓我們清爽地生活。

讓我們像五月的風一樣吹掉它吧。

二〇〇九年　五月

幸福科學集團創立者兼總裁　大川隆法

HAPPY SCIENCE

幸福科學集團介紹

幸福科學透過宗教、教育、政治、出版等活動，以實現地球烏托邦為目標。

幸福科學

一九八六年立宗。信仰的對象為地球靈團至高神「愛爾康大靈」。幸福科學信徒廣布於全世界一百多個國家，為實現「拯救全人類」之尊貴使命，實踐著「愛」、「覺悟」、「建設烏托邦」之教義，奮力傳道。

愛

幸福科學所稱之「愛」是指「施愛」。這與佛教的慈悲、佈施的精神相同。信眾透過傳遞佛法真理，為了讓更多的人們能度過幸福人生，努力推動著各種傳道活動。

覺悟

所謂「覺悟」，即是知道自己是佛子。藉由學習佛法真理、精神統一、磨練己心，在獲得智慧解決煩惱的同時，以達到天使、菩薩的境界為目標，齊備能拯救更多人們的力量。

建設烏托邦

我們人類帶著於世間建設理想世界之尊貴使命，而轉生於世間。為了止惡揚善，信眾積極參與著各種弘法活動。

入會介紹

在幸福科學當中，以大川隆法總裁所述說之佛法真理為基礎，學習並實踐著「如何才能變得幸福、如何才能讓他人幸福」。

入會

想試著學習佛法真理的朋友

若是相信並想要學習大川隆法總裁的教義之人，皆可成為幸福科學的會員。入會者可領受《入會版「正心法語」》。

三皈依誓願

想要加深信仰的朋友

想要做為佛弟子加深信仰之人，可在幸福科學各地支部接受皈依佛、法、僧三寶之「三皈依誓願儀式」。三皈依誓願者可領受《佛説・正心法語》、《祈願文①》、《祈願文②》、《向愛爾康大靈的祈禱》。

幸福科學於各地支部、據點每週皆舉行各種法話學習會、佛法真理講座、經典讀書會等活動，歡迎各地朋友前來參加，亦歡迎前來心靈諮詢。

台北支部精舍
台北市松山區敦化北路 155 巷 89 號

幸福科學台灣代表處
台北市松山區敦化北路 155 巷 89 號
02-2719-9377
taiwan@happy-science.org
FB：幸福科學台灣

幸福科學馬來西亞代表處
No 22A, Block 2, Jalil Link Jalan Jalil Jaya 2,
Bukit Jalil 57000, Kuala Lumpur, Malaysia
+60-3-8998-7877
malaysia@happy-science.org
FB：Happy Science Malaysia

幸福科學新加坡代表處
477 Sims Avenue, #01-01, Singapore 387549
+65-6837-0777
singapore@happy-science.org
FB：Happy Science Singapore

How About You? 招喚幸福而來的愛

ハウ・アバウト・ユー？ 幸せを呼ぶ愛のかたち

作　　者／大川隆法
翻　　譯／幸福科學經典翻譯小組
封面設計／Lee
內文設計／顏麟驊

出版發行／台灣幸福科學出版有限公司
104-029 台北市中山區中山北路三段 49 號 7 樓之 4
電話／ 02-2586-3390　傳真／ 02-2595-4250
信箱／ info@irhpress.tw
法律顧問／第一法律事務所　余淑杏律師

總 經 銷／旭昇圖書有限公司
235-026 新北市中和區中山路二段 352 號 2 樓
電話／ 02-2245-1480　傳真／ 02-2245-1479

幸福科學華語圈各國聯絡處／
台　　灣　taiwan@happy-science.org
地址：台北市松山區敦化北路 155 巷 89 號（台灣代表處）
電話：02-2719-9377
官網：http://www.happysciencetw.org/zh-han
香　　港　hongkong@happy-science.org
新 加 坡　singapore@happy-science.org
馬來西亞　malaysia@happy-science.org
泰　　國　bangkok@happy-science.org
澳大利亞　sydney@happy-science.org

書　　號／978-626-95395-5-0
初　　版／2021 年 12 月
定　　價／380 元

國家圖書館出版品預行編目（CIP）資料

How About You?：招喚幸福而來的愛／大川隆法作；幸福科學經典翻譯小組翻譯. -- 初版. -- 臺北市：台灣幸福科學出版有限公司，2021.12
192 面；14.8×21公分
譯自：ハウ・アバウト・ユー?：幸せを呼ぶ愛のかたち
ISBN 978-626-95395-5-0（平裝）
1. 自我實現　2. 幸福　3. 生活指導
177.2　　110019848

廣	告	回	信
台北郵局登記證			
台北廣字第5433號			
平			信

IRH Press Taiwan Co., Ltd.
台灣幸福科學出版有限公司

104-029 台北市中山區中山北路三段49號7樓之4
台灣幸福科學出版　編輯部　收

請沿此線撕下對折後寄回或傳真，謝謝您寶貴的意見！

大川隆法
Ryuho Okawa

How About You?

招喚幸福而來的愛

台灣幸福科學出版有限公司

How About You？
讀者專用回函

非常感謝您購買《How About You？》一書，
敬請回答下列問題，我們將不定期舉辦抽獎，
中獎者將致贈本公司出版的書籍刊物等禮物！

讀者個人資料　　※本個資僅供公司內部讀者資料建檔使用，敬請放心。

1. 姓名：　　　　　　　　性別：□男　□女
2. 出生年月日：西元　　　年　　　月　　　日
3. 聯絡電話：
4. 電子信箱：
5. 通訊地址：□□□-□□
6. 學歷：□國小 □國中 □高中／職 □五專 □二／四技 □大學 □研究所 □其他
7. 職業：□學生 □軍 □公 □教 □工 □商 □自由業□資訊 □服務 □傳播 □出版 □金融 □其他
8. 您所購書的地點及店名：
9. 是否願意收到新書資訊：□願意　□不願意

購書資訊：

1. 您從何處得知本書的訊息：（可複選）□網路書店　□逛書局時看到新書　□雜誌介紹
   □廣告宣傳　□親友推薦　□幸福科學的其他出版品　□其他
2. 購買本書的原因：（可複選）□喜歡本書的主題　□喜歡封面及簡介　□廣告宣傳
   □親友推薦　□是作者的忠實讀者　□其他
3. 本書售價：□很貴　□合理　□便宜　□其他
4. 本書內容：□豐富　□普通　□還需加強　□其他
5. 對本書的建議及觀後感
6. 您對本公司的期望、建議…等等，都請寫下來。

IRH Press Taiwan Co., Ltd.
台灣幸福科學出版有限公司